# Lo que hacen los papás y las mamás

### por Debbie Murano ilustrado por Mike Gordon

Orlando   Boston   Dallas   Chicago   San Diego

Visita *The Learning Site*

**www.harcourtschool.com**

Printed in China

ISBN 0-15-331355-2

6 7 8 9 10  373  10 09 08 07 06

Ordering Options
ISBN 0-15-331247-5 (Collection)
ISBN 0-15-331435-4 (package of 5)

Hoy, los papás y las mamás
de los niños narran lo que
hacen para vivir.

Mi mamá dice a los niños:—Yo ayudo a mucha gente. Ayudo a que todos estemos seguros.

Mi papá dice a los niños:

—Yo soy piloto de un avión.

Ayudo a la gente a ir lejos.

Mi papá dice a los niños:
—Yo reparo carros. Los
reparo cuando no andan.

Mi mamá dice a los niños:—Yo
ayudo a los animalitos. Curo a
los gatos y a los perros.

Mi papá dice a los niños:
—Yo hago comida para que
tú la comas. Vendo panecillos.

Las mamás y los papás hacen
muchas cosas diferentes.
¿Qué te gustará ser?